www.tredition.de

AF185629

Hans-Ulrich Möhring

Die ihr gekommen seid

Ein Lebenslied

www.tredition.de

© 2021 Hans-Ulrich Möhring

Verlag und Druck: tredition GmbH, Halenreie 40-44, 22359 Hamburg

ISBN 978-3-347-40192-1

Die ihr gekommen seid

Ein Lebenslied

... lento ...

1

Die ihr gekommen seid
willkommen
in diesem Land des Reichtums
und der Armut
in das es euch auf abertausend Wegen verschlagen hat
und das ihr euch vielleicht
hoffend und zweifelnd
zu etwas bauen wollt das uns
die wir schon länger hier sind
einst Heimat hieß.
Viel Glück.
Mögt ihr die Not bestehen
die hier herrscht.
Wie eine graue Wüstenpflanze
die in der einheimischen Dürre
die Kunst des Überlebens übt
– sei es dass sie mit längster Wurzel
den lebensleeren Sand durchbohrt
um einen Rest erträumten Wassers
im tiefen Grund der Zeit zu saugen,
sei es dass sie das kleinste Tröpfchen Nass
in jedem Teil des Pflanzenwesens speichert

und in vollendeter Genügsamkeit
jahrelang davon zapft und zehrt,
sei es dass sie sich äußerlich vertrocknen lässt
und unterirdisch im Verborgenen
sich für den Augenblick bereithält
in dem sie ihre Blüte bringt,
sei es dass sie von unten abstirbt
und sich selbst Grund und Nahrung werdend
als reines blattloses Gerippe
aus eignem Tod je und je neu erwächst –
und übt und übt und plötzlich
nach Jahrzehnten einsamen Beharrens
wo außer etwas Morgentau
Feuchte nur ein Gerücht im Wind war
von einem Klimawandel überrascht wird
und den Regen wittert:
so fühle ich mich
wenn die fremden Stimmen
die mich mit siebzehn achtzehn neunzehn
von fern anwehten mit ungreifbarer Verheißung
und mich mit ihren Weisen ich weiß nicht wohin entrückten
heute auf einmal nahebei ertönen
alltäglich
nachbarlich
wie heimisch.
Es ist
als sprächen sie mich an.
So ist es.
Ihr sprecht mich an
die ihr gekommen seid
mit euerm nackten Hiersein

und in den Träumen
die ich lebe
kommen eure Geister
und fordern Antwort
fordern Sage
des ungesagt Gebliebenen.
So wird es Zeit für mich
die Scheu zu überwinden
und auf der Schwelle
wo sich Nacht und Tag begegnen
ein Lied zu singen,
sei es mit schwacher Stimme
leise
des Gesangs entwöhnt,
sei es von Dingen
die belanglos scheinen
abseitig
privat
uralt,
sei es in einem Ton
aus einer andern Zeit
die niemals war,
sei es in dieser Sprache
deren Fluss vor lauter Steinen
den freien Lauf vergessen hat
und ihn nur tropfenweise noch erinnert,
sei es in Schrift.
Sei es allein den Geistern.
Ein Lied
mit dem sich Kreise schließen
und eröffnen.

Ein Lied des Endes
und des Anfangs.

2

Die ersten fernen Stimmen kamen damals
aus den Südstaaten der USA
und wenn auch Jimi Hendrix Rolling Stones und Cream
das Ohr schon vorbereitet hatten auf den Blues
war doch das Band
das weiße Jungs wie ich
in Sicherheit und Wohlstand aufgewachsen
mit alten Schwarzen knüpfen wollten
deren Leben tief gezeichnet war
von Armut und Gewalt
und die wenn überhaupt erst spät
etwas wie Anerkennung erfahren hatten
von Weißen,
ein kühnes Ding
und unser Wunsch nach Nähe
fast rührend.
Die Namen hatten einen magischen Klang für mich:
Blind Willie Johnson Fred McDowell Bukka White
Leadbelly Robert Johnson Big Joe Williams
Sleepy John Estes Son House Blind Willie McTell ...
Magisch war auch der Klang der Stimmen
jede auf eigene ungeschönte Art
kunstlose Kunst
geprägt von Leben

von Erfahrung
magisch der raue Klang der Sprache
noch mal magischer als Englisch eh schon
magisch der Slide der Bottleneck Guitar
und was ich von den Texten so verstand
passte zum jugendlichen Liebeslebensleid.
Es ging darin um mean mistreatin' mamas
die den poor boy long way from home
ausnehmen und betrügen
mit every downtown man they meet,
one of these mornings aber werden sie sich umschauen
denn I'll be gone
got them old walkin' blues again
oooh got them old walkin' blues again,
du no-good woman
glaube ja nicht
ich wanderte the big road by myself
an jeder Straßenecke findet sich 'ne milk cow
to drive my blues away
und alle kann ich haben
womens yellow brown and black
die mir plenty of money geben
plenty of lovin' too,
drum sieh es endlich ein
fährst du auch 'cross the deep blue sea
du findest nie
another hot shot like me,
was aber leider gar nichts daran ändert
dass ich hier heute auf dem hard time killin' floor
so down and out bin
dass ich nicht mehr ein noch aus weiß

I don't mind dyin'
Lordy Lordy Lord.
Es passte gut zum gern geglaubten Bild
vom eigenen Außenseitertum
a hobo on the road
verstoßen und verkannt
und von den Mädchen mal gemocht
mal schnöde abgewimmelt,
und manchmal war es beinah eine Sehnsucht
in einer chain gang auf der Parchman Farm
neben Son House und Bukka White zu fronen
um eines Tags mit ihnen auszubrechen
und frei ihr wildes Leben mitzuführen.
Wer alles haben kann
mag sich auch Leid anmaßen.
Politisch war ein solches Leben
mit Karten spielen
Whiskey trinken
Frauen schlagen
jemand zur Not erschießen
und dazwischen immer mal
Jesus entdecken und das Evangelium predigen
natürlich überhaupt nicht zu rechtfertigen
und trotzdem
oder deshalb
hielt sich das Gefühl
mit Wonne in den Bildern auf,
von ihnen angezogen,
magisch eben.
Perverse Lust
die Scham zu überwinden

und mit Blind Willie Johnson knarzend
vor Genossen
I know I got religion
and I ain't ashamed zu singen.
Doch welche Filme auch im Kopf abliefen
das Wesentliche war die Musik.
Sie wirkte tiefer.
Die Sleeve Notes auf den Alben boten zwar
allerlei Worte dafür an:
Bluesschema
blue notes
afrikanische Pentatonik,
die von mir nachgeplappert wurden
doch ungesagt und unbemerkt
bewirkte die innere Arbeit
der einströmenden Stimmen und Töne
unter der plappernden Oberfläche
eine Stimmung der Seele
die blieb.

3

Vagabundieren wollte sie
die sich langsam stimmende Seele
und all ihre Wege führten
möglichst weit weg von Rom.
Vagabundieren wollte sie
fernab des tonangebenden Westens
der sich in allem als Zentrum sah

und die andern als Randerscheinungen
Marginalien zum Haupttext
den er souverän diktierte.
Vagabundieren wollte sie
hinaus
in die Ränder
hinein
mit den Ohren als Füßen
im Wanderschuh der Musik.
Auf der Straße kam ihr der Free Jazz entgegen
mit revolutionärem Gellen
sie aber zog in der Gegenrichtung
auf den Spuren des Blues
nach Afrika.
Denn wie einst Weiße
Enthusiasten oder Plattenproduzenten
von den zwanziger Jahren an
in den noch namenlosen Bluessängern
einen Schatz erkannten
den sie heben wollten
sei es zur eigenen Bereicherung
sei es zum Wohl der Menschheit
so waren jetzt wie überall die Weißen
auch in Westafrika musikforschend unterwegs
um etwa bei den Haussa Songhai Fulbe Ewe
Senufo Lobi Frafra Dan Mandinka …
die letzten akustischen Zeugnisse
authentischer Stammeskulturen zu sammeln
bevor sie untergingen.
Ihre Ausbeute war reich.
Von dem was ich hörte blieb manches mir fremd

manches wirkte gestellt
doch manches war auch so unmittelbar mitreißend
dass ich am liebsten mitgesungen hätte
ach was
mitsang
im Phantasieidiom.
In den Sleeve Notes der
Première anthologie de la musique malienne
las ich zum ersten Mal von den griots
wie sie französisch hießen
traditionelle Musiker und Dichter
die ihre eigene Kultur
durch Wandel
selbst vor dem Untergang bewahrten,
und fünfzig Jahre
nachdem mir Djelimadi Sissoko
das Ohr geöffnet hatte
für den Klang der Kora
knüpfte mein Leben eine kleine Schleife
und ich durfte im Senegal
mit einem seiner Enkel tanzen.
Indessen zog die Seele hungrig
doch reich versorgt mit Futter,
dank des recht ausgefallenen Schallplattensortiments
der Buchhandlung in der ich meine Lehre machte,
über Nordafrika nach Osten
und fand in Vorderasien
neue Heimaten des Herzens.
Wie konnte es geschehen
dass derart herkunftsfremde Stimmen
deren Musik gegen alles Gewohnte ging

und deren Sprachen er nicht verstand
dem ahnungslosen Jungen
sein Leben zusangen?
Wir leben in Verbindungen
die wir nicht kennen.
Ein türkischer aşık
aus einem Dorf bei Divriği
besang die fernen Berge Urfas
Urfa dağları
und auf den Straßen
die mich selber bald nach Urfa führten
sang ich die Melodie mit freien Lauten
als mein ureignes Lied.
Im Klang der Saz
verschmolzen mir die Berge Anatoliens
mit den Savannen Malis
und dem Mississippidelta
zu einem Erdenort
an dem ich wohnen wollte
namenlos unter Namenlosen
und fahren mit den fahrenden
griots aşıklar bluesmen.

4

Die Namenlosen aber hatten Namen
in ihren Ländern
und einige mit großem Namen
in Indien Marokko Irak Japan

hörte ich hingerissen in Konzerten.
Fehlten mir dafür auch Begriffe
wirkte diese Kunst doch
selbst von deutschen Bühnen
mit viel direkterer Gefühlskraft auf mich
als die Kunstmusik Europas
die mich nur selten tief bewegte:
ich glaubte die Gefühle nicht
die ihre Opernstimmen virtuos besangen
ich glaubte diesen Stimmen nicht
die mir entkörpert klangen
und glaubte ihnen umso weniger
je höher sie von jenem Grund abhoben
auf den die andern mich versetzten
und in dem ich wachsen wollte.
Gewandet in so reiche Pracht
was für ein armer Körper.
Sie konnten mich nicht in das Land entführen
aus dem sie kamen.
Es war mein eigenes
und es war mir fremd.
Sie brachten mich auf keinen Weg
auf dem ich hoffen konnte
in mein Eigentum zu kommen.
Sie riefen mich nicht zu mir selbst
wie es die andern taten
jene Fremden
denen ich zugehörte
irgendwie
– doch wie?
Ich war kein Kurde und kein Songhai

ich war nicht einmal Musiker
nicht einmal Sänger – oder höchstens
in einem Sinn den ich noch nicht verstand.
Ich war nichts weiter als ein Hörer
der sich von fremden Stimmen
fremden Klängen
Ohr und Herz öffnen und weiten ließ
und der das irgendwie
– doch wie?
als Teil der eigentlichen Lehre zu empfinden lernte
als eine Vorbereitung
– doch worauf?
Selber zu singen?
Mein eignes Singen
wenn es dazu kam
war meistens nicht viel mehr als ein unartikuliertes Lallen
ein Singsang voller Fremdanleihen
eine Tonspur der Gefühle
die nebenherlief
– neben was?
Ach
was ich dachte sagte tat
war alles grob und ungefüge
unausgegoren
ungenießbar.
Raupenhaft fraß ich mich
durch allen Stoff der sich mir bot
um nach zeitweiser kommunistischer Verpuppung
als unscheinbarer Wanderfalter auszuschlüpfen,
außen graubraun getarnt
die Zeichnung innen,

den es auf weite Fahrten zog.
Viel fahren leben lieben forderte die Lehre
schien es
wiederholte Entlarvung und Entpuppung
und immerneues Abstreifen der Vorstellungen davon
was wohl das Ziel der Lehre und der Arbeit sei.
– Es war und ist
zeigt sich im späten Rückblick
nichts anderes als das Finden
der eigenen Stimme
und des eigenen Lebens.

5

Zuhause aber lastete
auf Land und Leben
lähmend
lärmend
die dicke Decke
der massiven Stummheit.
Wenn wahres Schweigen Singen ist
in reinster Form
und durch und durch aus Gesang besteht
der Leben zeugt,
dann ist der Stoff der Stummheit ein Beton
zu dem das Brüllen Kreischen Klirren Klappern Dröhnen
des allgemeinen Marktgeschreis sich mischt
ohrenbetäubend
stimmerstickend

und in dem sich nur Kunstgedüngtes halten kann
bis zum bittern Tod.
Kaum etwas dringt nach unten oder oben durch
Tiefe und Höhe sind versiegelt
und Geltung hat in dieser Zwischenwelt allein
was sich im mittelmäßigen Betrieb verfestigt.
Die Jungen lernen sich im Mittelmaß behaupten
und können ihren Ehrgeiz darauf richten
Hochleistungssportler der entfesselten Mittelmäßigkeit zu werden
sei es als Künstler oder Wissenschaftler.
Niemand lehrt sie die leichteste und schwerste
die eigentliche Menschenkunst:
in der Erde wurzeln
und zum Himmel fliegen.
Weil aber seine seltsame Gestimmtheit es verlangte
dass er eben dies lernte:
wurzeln und fliegen
wie ein Same neuen Lebens,
machte der Junge der zum Mann heranwuchs
sich in der Ferne auf die Suche
Tönen auf Platten
und Bildern aus Büchern
ungläubig gläubig folgend.
Bald stellte sich heraus
dass er beileibe nicht der erste
und nicht der einzige war
auf solchen unheimischen Wegen
ja dass es auch im eigenen Kulturkreis
Seher und Sänger gegeben hatte
die ihre neuen alten Sichten
vom freien Menschsein auf der Erde

den Ihren vorgetragen hatten
glühend flehend fluchend
doch die damit im Leben
allein geblieben waren
verworfen wie verwerfend
von keinem Strom der Tradition getragen
von keiner Überlieferung gestützt
keiner Gemeinde
keinem Stamm.
Alles was vor ihnen gekommen war
mussten sie stürzen und zerbrechen
bis sie darüber selbst zerbrechend
in den Wahnsinn stürzten.
War dies das Schicksal
das man hier zu tragen hatte
als verworfener Verwerfer?
Konnte es Heilung geben?
Vielleicht mit Formen direkter Verwandlung
außer Papier und Schrift?
Entflammt vom Feuer Antonin Artauds
und erregt von seinen Schriften
über die Körpersprache des orientalischen Theaters
über die Riten der mexikanischen Tarahumaras
stellte ich mir eine Theaterguerilla vor
die mit Aktionen Spielen Riten Festen
Leiber und Seelen in Bewegung brachte
und Bahnen brach und gangbar machte
zu langverdrängten Lebenskräften.
Schwieriger als gedacht
die Idee umzusetzen.
Dann kam das Jahr

das mit dem deutschen Herbst zu Ende ging
wie er bald hieß.
Das Land versank im Hass.
Als ich selbst so vom Hass vergiftet war
dass ich nur noch mit Schaum vorm Mund
von Deutschland sprechen konnte
floh ich nach Westen
in die USA.
Nach turtle island.

6

Du meine erste Heimat
nicht allein des Herzens.
New Mexico.
Sangre de Cristo Mountains.
Zum Dorf hinaus
am Bach entlang
und auf der Wiese zwischen den zwei Hügelzügen
die kleine Hütte
mit den Truchas Peaks im Rücken
und dem Blick über das Rio Grande Valley
nach Westen in den Farbenrausch der Sonnenuntergänge
über dem Cerro Pedernal Georgia O'Keefes
Abend für Abend
monatelang.
Du gabst dem Stadtkind
das nach langer Irrfahrt
wie heimgekommen war

zu deinen Wüsten Wäldern Bergen Flüssen
die Kraft
die nackte Selbstbegegnung auszuhalten
bis ich im Brechen aller Bilder
selber fast zerbrechend
spürte
dass eine Hut mich hinderte
am Absturz in den Wahnsinn.
Alles war gut.
Mein Geist war frei.
Frei wollte ich leben.
Wo aber?
hätte sich freier leben lassen
freier und leichter
als in den Weiten jenes Landes
in dem ich selbst mir selbst geschenkt
und heil geworden war
heiler und stärker
als es der Suchende nach Heilung
vom deutschen Hassgift
hätte hoffen können.
Freundschaften waren in dem Jahr entstanden
Maxine erklärte sich zur Scheinehe bereit
und sicher würde sich ein Auskommen finden lassen
wie es so manche hier am Rande der Gesellschaft fanden.
Ja!
Bleiben!
Warum nicht?
Andererseits …
warum?
Im süßen Apfel leichten Lebens

saß und fraß
ein Wurm der Beliebigkeit.
Ich konnte hier so viel bekommen
konnte mich von der Wildnis
vom Indianerleben
tief und tiefer berühren lassen
– aber ich hatte nichts zu geben.
Ich hatte ohnehin nichts anderes zu geben
als mich selbst
besaß keine Talente
keine Qualifikationen
außer ein bisschen Sprachgefühl vielleicht
deutsches allerdings.
Ich konnte meinen Samen in die rote Erde setzen
doch würde er nur selig drin verfaulen
nicht aufgehen
nicht fruchten.
Ich hatte hier schlicht nichts zu tun.
Tun aber
meinte ich zu müssen.
Und plötzlich kam
mit dem Gefühl
befreit zu sein vom Krampf der Herkunft
ganz unvorhergesehen der Wunsch
an eine Hinkunft mich zu binden
an einem Ort
der mir gehörte
und ich ihm.
Es gab nur einen.
Wie sehr ich ihm entflohen war
ich war ihm nie entkommen.

Wie wäre es
zum ersten Mal wirklich dort anzulangen
ihn in Besitz zu nehmen
als mein Eigen
und ihm als seines
mich zu geben?
In Hass gegangen
und in Liebe wiederkehrend.
Ich schrieb:
Ich bringe einen Sack voll Perlen mit zurück
wo ich einst einen Sack voll Lumpen stahl.
Auch wenn ich ihn noch nicht verstand
der Zug war deutlich
und ich folgte ihm
und kehrte um.
Doch vorher war noch eine Wanderung zu machen
in Mexiko
durchs Land der Tarahumaras
wo vierzig Jahre vor mir
Antonin Artaud
durch ihren Ritus des Peyotekaktus
vom kranken Geist Europas hatte genesen wollen
und daran vollends irre geworden war.
Auf seinen Spuren wandernd dachte ich
seinen Geist
von dem mir war als irrte er
noch immer durch die sierras und barrancas
von meiner anderen Genesung wissen
und daran teilhaben zu lassen.
Träume bestärkten mich.
Danach war noch ein letzter großer Kreis zu ziehen

durch mein Amerika
– du meine Liebe die ich ließ –
um alle Kräfte einzusammeln und zu bündeln
die ich daheim zum Wirken bringen wollte.
Wie auch immer.

7

Da war ich also wieder
im Land des Reichtums
und der Armut
und wollte es zu meinem machen.
Was – machen?
Es war meines
ob ich wollte oder nicht.
Ich hatte es vom fernen Ufer
zum ersten Mal wirklich gesehen
wenn auch noch unscharf
noch im groben Umriss
und jetzt war es mir aufgegeben
die Unschärfe zu klären
und zu sagen was ich sah.
Was sah ich?
Schwer zu sagen.
Ich wusste eines:
Alles ist gut.
Leid kam aus Enge
kam aus Angst
und wenn der Blick sich weitete

das Herz

der Horizont

sich weiteten

löste das Leid sich auf.

Die Angst verschwand.

Die Wut.

Der Hass.

Alles war gut.

Nie aber wurde gut

was nicht gut war.

Nichts wurde gut.

Es war gut

wie es war

und wie es war

war für das enge Herz

immer mit Angst und Leid behaftet

mit Wut und Hass.

Was also sah ich?

Ich sah ein Land der engen Herzen

das dem Untergang geweiht war.

Das schon seit langem dieses Schicksal

des Untergangs

auf seinem Irrweg blind vollzog.

Es war mir nichts daran gelegen

es zu retten

oder mich

denn wer sein Leben retten will

wird es verlieren

wie es heißt.

Ich wollte mit ihm untergehen

mit meinem Land

dem ich gehörte
nicht aber blind gezwungen
sondern sehend.
Frei.
Ich sah mich selbst als alten Mann
am Ende seines Weges.
Gleichzeitig gab es noch etwas zu bergen
ein kleines Ding
wie eine Perle
wie ein Same
das es in irgendeiner Form zu fassen
und weiterzugeben galt.
So schien mir.
Eine Arbeit schien mir auf
der Wahnsinnsquest Artauds
und anderer seines Schlages
vielleicht nicht unverwandt
doch nicht bewegt von Hoffnung
auf Erlöser aus der Ferne
Tarahumaras oder Dalai Lamas.
Auf Äußeres war nicht zu hoffen.
Ich
war das Einzige
worauf ich hoffen konnte.
– Ein jedes Ich ist seine Hoffnung. –
Nicht als Besitz.
Als Gabe.
Ich war mir selbst geschenkt worden
wie und warum auch immer
und mich wollte ich wiederschenken.
Die Indios in Mexiko

hatten mir den Spiegel vorgehalten
und die Gestalt
die ich erkannt hatte darin
und immer mehr erkannte
wollte ich verkörpern
dass sie wirklich wurde.
In einer Einsiedelei im Harz
machte ich mich ans Werk.
Ein Jahr lang sang ich
tanzte trommelte und träumte
und schrieb
schrieb schrieb schrieb schrieb
wie ich noch nie geschrieben hatte
und nie schreiben wollte.
Wir leben in Verpflichtungen
die wir nicht kennen.
Die Wege
die ich täglich durch den Wald nahm
wurden lang und länger.
Wie nah war außerhalb der Zentren
an den Rändern
auch hierzulande doch
die Erde.
Wie fern von ihr
die Arbeitstiere
in ihrer Wirtschaftswelt.
Die Erde
schien es
war es gar nicht mehr gewohnt
dass einer in ihr wurzeln wollte.
Auf vielen langen Wegen

näherten wir uns an.
Deutlicher wurde mir bewusst
dass der Blick in den Spiegel der Indios
auch deshalb ein Erkennensblick gewesen war
weil mir in der Gestalt
die ich erkannte
keine Einzelpflanze erschienen war
abgeschnitten
entwurzelt
sondern das ganze weite Feld
auf dem sie wuchs
und das sie in sich versammelte.
Ich hatte wohl erwartet
dieses Feld in Raum und Zeit
auf innerer wie äußerer Wanderschaft zu durchqueren
und es in irgendeiner Weise zu entdecken
als Wurzelgrund
als Absprungbasis für den Himmelsflug.
Aber ich hatte nicht damit gerechnet
es könnte mir tatsächlich aufgegeben sein
ein Deutscher zu werden.
Mit allen Konsequenzen.

8

War ich der einzige?
In Westberlin stand rot auf Mauern:
Deutschland verrecke!
Den Geist kannte ich.

Mein eigener war einmal
nicht sehr weit davon weg gewesen.
Er war sehr deutsch
in seinem Unvermögen
zu einem schlichten eigenen Stand
zwischen maßlosem Größenwahn
und maßlosem Selbsthass.
In allen je von mir bereisten Ländern
war Heimatstolz etwas ganz Selbstverständliches.
In meinem Land war er ein Unding.
Ich hatte es kaum glauben können
dass in den USA der letzte Freak noch Patriot war.
Deutsch zu sein hatte ich immer nur
als unglücklichen Zufall sehen können.
Was hatte die Nation mit mir zu tun?
Doch auch Europa insgesamt
das jüdisch-christliche Abendland
mit seinen angeblichen hohen Werten
war mir und meinesgleichen,
satt und in Frieden aufgewachsen
und wenn Not leidend dann
die Not der Notlosigkeit
wie einer sie einst nannte,
so unbedingt verachtenswert gewesen
wie jedem Nazi.
Noch in der Sierra Madre
hatte ich die Studenten aus der Hauptstadt
die den entrechteten und unterdrückten Indios
Entwicklung Bildung Fortschritt bringen wollten
eindringlich vor dem Teufelskreis gewarnt
von westlichen Lösungen für westliche Probleme

und von der Endstation geredet
an der wir angekommen waren
auf unserer wunderbaren Bahn des Fortschritts
– wie ich zu euch
die ihr gekommen seid
hier spreche von der tiefen Armut
in unserm Reichtum
die ihr gewiss schon selbst gefühlt habt.
Doch sprechen will ich auch
von einem andern Reichtum
in der Armut
der schwerer zu fühlen ist.
Heimgekehrt wollte ich wissen:
Wenn ich
wenn wir
die jüngste Oberflächenschicht
auf einem Felsgrund waren
der sich Deutschland nannte
sei es auch eine Schicht
die sich um keinen Preis mehr
als deutsch verstehen
und als deutsch bezeichnen wollte
für die deutsch nur ein Schimpfwort war
und der unschimpfliche Gebrauch des Worts verpönt
– was lag darunter?
Schon in Gia-Fus Tai-Chi-Retreat
am Rand der Rocky Mountains
hatte mich unerwartet eine Sehnsucht
nach andern Tönen als chinesischen
und amerikanischen
nach Colorado Springs getrieben

in die Unibibliothek
wo ich tagelang glücklich Nietzsche las
and felt like a fucking German.
Wollte man sie aus Knete formen
sagte ich meinen Freunden
dann würde man die Amis in die Breite drücken
und die Deutschen in die Tiefe zwirbeln.
Jetzt
Aufschluss suchend
in geschichtlicher Tektonik
schürfte ich in der Schicht der Eltern
legte die dunkle Ader frei
ihres völkermordenden völkischen Aufbruchs
fühlte in meiner eigenen Seele
ihre wilden Träume und Hoffnungen nach,
den Wahnsinn ihrer Verwirklichung,
den Umschlag in die Entmenschung,
die Totalamnesie zuletzt.
Hier lag der letzte große Bruch
der uns danach Geborene
zu Herkunftslosen machte,
die Wunde
deren Schmerz wir wurden.
Ältere Schichten in der deutschen Kruste
bargen erstaunliche Fossilien
abgebrochener und geknickter Lebenslinien
und fasziniert weiterforschend
stieß ich schließlich zu meinem Wunder
in einer Tiefe von zweihundert Jahren
auf ein Sediment
in dem ein anderes Deutschland

als das Wirklichkeit gewordene
vielstimmig begründet worden war.
Von späteren Reichsgründungsschichten
und Nationalstaatslagen
so oder so gebändert
war es deutlich abgesetzt.
Es hatte einen eigenen Glanz
durchädert wie es war
von Silberstreifen eines inneren Reichs
das ich sofort erkannte
als jenen Ort der Hinkunft
den ich mir
und dem ich mich
hatte eignen wollen
in Amerika.
Die sedimentierten Stimmen
zeugten von einem Geist
der allem Fremden sich weit aufschloss
heimisch war im Hinausgehen übers Heimische
und darin wahrhaft erst zu sich kam
dass er die Einflüsse der ganzen Erde in sich aufnahm
und die Millionen brüderlich umschlang.
Ihr Deutschland
war der Ort der inneren Erfahrung dessen
was andere Völker außen taten.
Das Reich
in dem die Deutschen herrschen sollten
nannten sie
die Sprache.
Deutschheit
war Menschlichkeit

in Reinform,

sonst nichts.

So sagten sie.

War das die reine Phantasie?

Ein Märchenland im Untergrund?

Es war mir gleich.

Nicht auf die Richtigkeit kam es mir an

nur auf die Richtung

in die diese Stimmen wiesen.

Wovon sie sprachen

war nichts anderes

als die Geschichte meiner Seele

die ich vergessen hatte.

Jetzt erkannte ich sie wieder.

Sie sagte mir

die Wahrheit

mochte auch die äußere Geschichte

ihr Gegenteil verwirklicht haben

mochten auch die Kritiker

eben darin die Bahn des Wahns

deutscher Erwähltheit vorgezeichnet sehen.

Dass sie damit auch etwas trafen

störte mich nicht.

Ich hörte es ja selbst

wie in den alten Stimmen leicht

der hohe Ton zum hohlen wurde

wenn Denken sich mit Geist verwechselte

und erdenferne Ideale aufblies

der klassischen Musik nacheifernd

mit ihren Klangbildern von Höhen

die nicht zu leben waren

und zu singen nur
wenn sich die Stimmen maßlos überspannten.
Die Erde fehlte
und die Kunst des Wurzelns
so sehr sie hier und da beschrien wurde.
Das Hohe und das Hohle
wurden fortan gleichgesetzt
sei es geschmäht
sei es gefeiert
und eine Bodenlosigkeit griff um sich
auf allen Seiten
die ihre höchste Steigerung fand
im Blut-und-Boden-Irrsinn
in dem das Volk
das gern das menschliche schlechthin gewesen wäre
das unmenschlichste wurde.
Wie die Geschichte heutzutage erzählt wird
entpuppte sich damit
der Traum vom deutschen Märchenparadies
als Wirklichkeit der Hölle.
Erst mit dem demokratischen Erwachen
entkamen die Verirrten
in das reale Paradies der freien Wahl.
Jahrzehnte später zog ich dann
durchs Land der freien Wähler
um es als meines zu erkennen.
Schwieriger als gedacht.
Es war
als läge es der Erde
nur lose auf
ohne Verbindung in die Tiefe

von der Höhe ganz zu schweigen.
Ein herkunftsloses Niemandsland
in dem ein jeder sich als Jemand fühlte
einer wie der andere.
Das Leben das ich sah
in Stadt und Land
auf meinen Wegen
war arm und eng
in Herz und Geist
und umso ärmer
umso enger
je reicher und je breiter
alle alles wählen konnten
was ihnen angeboten wurde.
Nicht Hass erfüllte mich
wie früher
nur Mitleid.
Trauer.
Die Menschen wollten ihr Leben retten
und hatten es längst verloren.

9

Das Rettende aber wuchs woanders.
Deutschland verreckte nicht
mochten die Mauern in Berlin
es noch so rot proklamieren
mochten die Schreier der Parolen
noch so blind darauf hoffen.

Sie wollten ihren Feind behalten
und ihren Kampf
und ihren Hass.
Sie wollten die Gerechten sein
die Reinen
unbeschmutzt
von aller Schuld der Ihren
die ja nicht die Ihren waren
sondern die Andern.
Die Bekämpften.
Fremde
durch Zufall nur das selbe Land bewohnend
und die selbe Sprache sprechend
doch sonst in nichts verwandt mit ihnen
(außer so ziemlich allem).
Ihr Hass war rein
der Hass der Andern schmutzig
schmutzig deren Gewalt
die eigene rein.
In ihrer kategorischen Nichtzugehörigkeit
zu dem was übrig war
vom Volk der Deutschen
gehörten sie so tief dazu
wie jemand nur dazugehören konnte.
Sie waren die Verkörperung seines Schicksals:
die fleischgewordene Selbstvernichtung.
Bei meinem letzten Zwischenstop in der Stadt
vor dem endgültigen Randstand
war ich wenn ich mich umschaute versucht
etwas wie ein Berliner Totenbuch zu schreiben.
Es war nicht der Mühe wert.

Mochten die Toten ihre Toten selbst begraben.

Es gab anderes zu tun.

Eines Tages bekam ich Besuch von einer Freundin

die mir die andere Seite zeigte.

Wir hatten uns länger nicht gesehen

und staunten beide bei unserem Anblick

denn beide waren wir abgemagert

sie vor Kummer

ich vor Glut.

Beide an einem Wendepunkt im Leben.

Wir waren Ende zwanzig.

Bettina kam aus einer Krise

und mein Gefühl war

etwas Leben

würde der Frau sicher gut tun.

Gehen wir spazieren

schlug ich vor

und ich wusste wo.

Ein Bummel durch Klein-Istanbul

konnte Wunder wirken.

Ich liebte das Gewusel auf den Straßen

die picknickenden Familien auf den Rasenflächen

die kleinen Läden Imbisse Friseure

Gerüche und Geschmäcker

und vor allem

den Klang der Saz

der jetzt auch hier zu hören war

in meiner Nachbarschaft

von Menschen mitgebracht

die mir bei sich zuhause noch

als fremdes Volk begegnet waren

inzwischen aber im Begriff
meine Landsleute zu werden.
Kreuzberg als Urfa dağı.
Wie hatte mich auf Reisen
ihre andere Art erleichtert
als lebender Beweis dafür
dass Menschen
ganz normal
vollkommen anders leben konnten
als wir hier heute.
Dass Vieles möglich war.
Da waren sie
die neuen Nachbarn
und veränderten allmählich
nicht nur das Straßenbild.
Die Wellen Asiens über die Jahrhunderte
die Hunnen und Awaren und Mongolen und Osmanen
deren mit letzter Not abgewehrte Angriffe auf Europa
ich aus der Schule dunkel in Erinnerung hatte
– da waren sie
nicht eingefallen als Eroberer
sondern als Arbeiter gerufen
und jetzt
dem Druck sie wieder loszuwerden trotzend
eine lebendige Kraft
die ihre Wirkung tat.
Ich war gespannt mit welchen Folgen.
Sprach ich davon auf unserem Spaziergang?
Wie dem auch sei
ich hatte mich mit meiner Therapie geirrt.
Bettina nahm das Selbe wahr wie ich

doch reagierte völlig anders darauf.

Mit Panik.

Mit Verzweiflung.

Es dauerte

bis ich begriff

dass es ihr bitterernst war.

Was mir diffuse Hoffnung machte

war ihr äußerste Bedrohung

ihrer Identität

als kultivierte Abendländerin.

Mir blieb der Scherz im Halse stecken

als sie beim Anblick des gehäuften Andern

aus Furcht vor dem Verlust des Eigenen

hysterisch wurde.

Sie könne dürfe wolle es nicht hinnehmen

dass diese über uns herfallenden Heuschrecken

barbarisch alles auffraßen

was ihr heilig war.

Ihren Beethoven.

Ihren Thomas Mann.

Sie zitterte.

Die Tränen kamen ihr.

Sie wollte fort.

Nur fort

fort

fort.

Ich hatte keine Worte.

Ihre Gefühle waren echt.

Wir landeten zuletzt

auf dem neutralen Territorium

eines Italieners

beruhigten uns und schafften es
gemeinsam eine Pizza aufzuessen.
Von heute aus betrachtet
war ihr Gefühlsausbruch prophetisch.
Der Geist
von dem sie da besessen war
in ihrem angeschlagenen Zustand
hat sich verbreitet.
Ja
und ich?
War ich von einem andern Geist besessen?
Dem der Gegenseite?
In einem Schlager aus den Zwanzigern
mit Text von Kurt Tucholsky
ist einer Frau nach Tamerlan zumut
ein kleines bisschen Tamerlan wär gut
und der heimischen Schlappschwänze leid
schmachtet sie nach dem grausamen Mongolenherrscher
dem sie sich lustvoll unterwerfen könnte,
ganz ähnlich wie zu meiner Zeit
so manche linke Frau
die bei den Typen ihrer Szene
das kleinste Fehlverhalten ahndete
erschauernd vor dem toughen Kurdenmacho kuschte.
In einem dunklen Winkel ihres Herzens
sehnen sich die Zivilisierten
nach den Barbaren
die ihr hohles Dasein
in Schutt und Asche legen.
Wenn mich die Aussicht
auf den Untergang des Alten

und den Aufgang eines Neuen
mit Vorfreude erfüllte statt mit Angst
– war das auch meine Sehnsucht?
Die Stiefel der Eroberer zu lecken?
Sich für die eigenen Sünden öffentlich zu geißeln?
Darauf zu hoffen
dass man selbst begnadigt wurde
wenn man das Eigene niedermachte?
Nein.
Das Neue
das da werden wollte
an meinem Ort
hieß mir noch immer
oder mehr denn je
geheimnisvollerweise
Deutschland.
So war mein Stand
wie immer
zwischen allen Lagern.

10

Wir wissen nicht
was wird
anders als in uns selbst.
Auf einsamen Wegen
zum Deutschen geworden
war nunmehr in mir eine Ahnung
vom Schicksal meines Landes,

wie dies im Wort zu fassen
und im Leben zu tragen war
wusste ich aber nicht.
Wollte es aber lernen
wollte den Geist des Ortes verkörpern
und so imstande sein
die Geister anderer Orte zu empfangen
denn auch die Orte haben ihren Geist
und nur verkörpert kann auf Erden
ein Geist dem andern Geist begegnen
so wie ein Leib dem andern Leib
sich nur begeistet wahrhaft nähern
und frei den Unterschied genießen kann
ohne ihn sich
oder sich ihm
unterwerfen zu müssen.
Eins ist in sich dem Andern
ein Spiegel
und wird er vorgehalten
und hineingeblickt
geschieht Erkennen.
Ein Spiegel aber
der sich selbst nicht klärt
der was er zeigen sollte
im verkehrten Bild
selbst sein will
und doch nicht sein kann
bleibt blind
blickt nichts
zeigt falsch
lässt kein Erkennen zu.

Wenn sie nicht in die Spannung des Erkennens treten
sich nicht vereinigen
als Gegensätze
einer zu zeugenden Gestalt
die sie als Drittes überragt
vermengen sich die beiden Seiten formlos
oder sie führen Krieg.
Um einem Andern wahrer Gegensatz zu werden
muss Eins die innern Gegensätze
die es bilden
zulassen und frei entfalten.
Die Gegensätze
die in Deutschland sich von jeher
bekriegen und vermengen,
nennen wir sie den Geist der Erde
und den Geist der Luft.
Der erdgebundene Geist
hat seinen Grund in langer Herrschaft
versteinert
und von Leben ausgelaugt
für den totalen Ausverkauf
als nutzes Nichts.
Der ungebundene Geist beweist
je rigoroser er der Welt
die eigene Ungebundenheit aufbindet
dass er der andern Seite in nichts nachsteht
an Engstirnigkeit
wie Engherzigkeit.
Indem er seinen Ort verleugnet
fußt er im Nichts.
Was beide Seiten so betreiben

auf je verschiedene Art

doch hinterrücks seit langem Hand in Hand

ist die Vernichtung ihres Grundes.

Wie aber

wenn der Eine Geist des Ortes

in Wahrheit

die Vernichtung wollte?

Mit dem Gedanken kam mir die Erinnerung

an New Orleans.

French Quarter.

Ich saß in der St. Louis Cathedral

Sinne und Herz geweitet von Peyote.

Auf einem Schriftband über dem Altar stand:

Ego sum via et veritas et vita.

Ich las den Satz.

Er traf mich wie ein Pfeil.

Das hatte einer

der einst auf der selben Erde gewandert war

wie ich

von sich gesagt:

Ich

bin der Weg

die Wahrheit

und das Leben.

Und zu den Seinen hatte er gesagt:

Folgt mir nach.

Folgt mir nach

auf dem Weg der Wahrheit und des Lebens

der Ich Bin.

Er führt zum Leben

das ihr findet

wenn ihr es verliert.

Lasst alles

was ihr kennt und liebt

und folgt mir nach

und nehmt das Kreuz auf euch

und sterbt

so wie das Weizenkorn erstirbt

damit es Frucht bringt.

Amen.

Spätere meinten nachzufolgen

wenn sie die Sätze nachbeteten

und als Gesetze ihrer Schrift

dem Rest der Welt aufzwangen

ohne Erkennen und Erbarmen.

Sie töteten lieber

als zu sterben.

Weg Wahrheit Leben

soll Ich aber selber werden.

Sie sind nur

wenn Ich sie Bin.

Zu glauben

dass ein Anderer sie sei

ist nicht der Weg der Selbstvernichtung

der uns

im sogenannten Abendland

und der ihm angeglichenen Welt

seit langer Zeit gewiesen ist.

Wie sehr wir uns dagegen wehren mögen

er ist unser Schicksal.

Unser Weg.

Wer ihn nicht sehend geht

im Innern
geht ihn im Äußern
blind.
Jeder geht ihn allein
ins Leben
oder in den Tod.
Es gibt auf diesem Weg
keine Familie
keinen Stamm
keine Gemeinde.
Kein Volk.
Er ist der Wahnsinn
und die Heilung.
Also sprach Peyote.
Und wie mir die Erfahrung wiederkam
in jener Kathedrale
wie mich der Pfeil aufs neue traf
und wie sein Heilgift mich durchströmte
wollte mir scheinen
als hätten die von mir erschürften Brüder
und Schwestern
vor zweihundert Jahren
dem deutschen Volk
das Zeichen ebendieses Weges aufgepflanzt
mit ihrem Willen
es als das menschheitliche zu begreifen
das Volk
das sich darin erfüllte
kein Volk zu sein.
Das sich selbst
um es selbst zu sein

vernichten musste.
Das unmögliche Volk.
Das in der Wirklichkeit
diese Unmöglichkeit bewies
indem es in äußerstem Wahnsinn
nicht sich selbst
sondern seinen unerkannten Gegensatz im Geiste
das auf ganz andere Art
doch ebenso unmögliche
Volk der Juden
vollständig zu vernichten suchte.
Und das sich damit zuletzt doch
wenn die Bevölkerung auch blieb
als Volk vernichtete.

11

Als würde ich beregnet mit Erkenntnis
beschenkt mit einem ungeheuren Reichtum
bis ich so voll und übervoll war
von mir
dass ich fast platzte:
so war mir.
Mit ganzem Herzen wollte ich wiederschenken.
Die Dankbarkeit wurde so groß in mir
dass gradezu ein Schenkenszwang entstand
ein Überdruck der Dankbarkeit.
Ich musste reden.
Schreiben.

Einen Mythos dichten
von neuen Menschen
und dem Wind
in dem sie flogen
und dem Grund
in dem sie wuchsen
und davon dass sie beide
Wind und Grund
ein und das selbe waren
wahres Menschenleben
wahre Menschensprache.
Ich schrieb
was ich kaum fassen konnte
– und fasste kaum
was mir gelang zu fassen.
Plötzlich kam aus mir eine Sprache
die ich nicht kannte.
Es war meine.
Mein Deutsch
mit seinem eigenen inneren Lied
eigenen Worten Rhythmen Bildern.
Es war mir fast
als hörte ich
die Stimme meines Volkes
aus meinem eigenen Mund.
Ein Wahnsinn.
Was ich zuvor geschrieben hatte
war alles nur ein Vorgeplänkel gewesen
dazu.
Nur …
war es leider

stellte sich heraus

unschenkbar.

Niemand mochte die Gabe haben.

Unfassbar.

Ich hatte mich nur selbst beschenkt

und vor mir ausgebreitet lag jetzt

der aufgewühlte Acker einer Lebensarbeit

doch niemand anders hatte dazu Zugang.

Niemand konnte mein Lied mitsingen.

Es war …

als stimmte etwas nicht damit.

Ich lauschte hin.

Noch mal.

Genauer.

Der Ton.

Er stimmte wohl nicht überall.

Wie wenn ich sang

in manchen überstarken Stimmungen

die Stimme sich verzerrte

und einen falschen Ton bekam

der aufgeblasen klang

und abgehoben

so klang auch diese Stimme in der Schrift

gerade dort wo sie am wahrsten sagen wollte

unecht und überzogen.

Bodenlos.

Je mehr ich hinhörte

umso lauter gellte mir

der Misston in den Ohren.

Die falsche Stärke.

Die wahre Stärke dieser Stimme

lag in ihrer Schwäche:
Schwäche des Mannes
der der andern Seite
nackt und bloß gegenübertrat
als schlichter Gegensatz,
Schwäche des Deutschen
der als namenloser Niemand
sein wüstes Niemandsland bewohnte,
Schwäche des Schreibers
der allein mit Worten handelte,
Schwäche des Gläubigen
der nichts glaubte
was nicht von innen kam
und keine Stütze hatte
in einer Lehre
einer Kirche.
Doch eine wesentliche Schwäche fehlte.
Die Schwäche des Alters.
Die Stimme war zu jung
für all das Alte
das sie sagen wollte.
Zu laut.
Zu selbstgewiss.
Die von mir grob vermengten Elemente
hatten sich noch lange nicht geläutert
und verbunden.
Wie einst als wirrköpfiger Junge
war ich noch immer ungenießbar.
Würde ich es bleiben?
Es war …
als griffe mit der Kraftanstrengung

ein unerhörtes hohes Wort zu sagen
einsam
einzeln
ein alter Geist auf meine Stimme über
und gäbe ihr den hohlen Klang
den vieles hohe Deutsche hatte
von jeher.
Das Erdgebundene
und das Ungebundene
waren nicht in der Spannung
in die sie gehörten.
Die Lehre die ich angetreten hatte
vor Jahren
war noch lange nicht beendet.
Die Wurzeln mussten tiefer werden
der Flug stärker und freier.
Es fehlte das Gewicht gelebten Lebens.
Ich brauchte Zeit.
Viel Zeit.
Jahrzehnte.
Erdenschwere.
Sehr viel weitere Schwingen.
Und sehr viel größere Fassenskraft
größere Haltekraft
dass ich nicht nach dem ersten starken Guss
schon überfloss.
Ob je ein zweiter kam?
Sei's drum.
Das Ganze noch einmal von vorn.
Ich gab das Schreiben auf
legte das Geschriebene beiseite.

Ich wusste nicht wohin
außer:
nach unten.
Ich packte meinen Rucksack
ging zu Fuß geradeaus
bis nach einigen tausend Kilometern
Hohes und Hohles in mir
vergangen waren.
Ich sang in einem Ashram Bhajans
starrte lange im Himalaya
die Nanda Devi an.
Ich war
begriff ich
nicht der Herr
der in Jerusalem einzog.
Ich war der Esel.
Heimgekehrt wurde ich
Tagelöhner
Holzfäller
Übersetzer.
Ich zog aufs Land.
Ich heiratete
bekam Kinder
brach die Ehe.
Ging eine neue Ehe ein.
Gelegentliche Schreibversuche scheiterten.
Einzelne kleine Formen glückten.
Die Stimme wurde leiser.
Leise.
Derweil verbanden sich zwei Landeshälften
zum einig Niemandsland

in dem es Leitkulturdebatten
einen verhüllten Reichstag
und einen Geschäftsklimaindex gab.
In an- und abschwellenden Bocksgesängen
wurden alte Linke
zu neuen Rechten
die um ein Deutschland trauerten
das es nie gegeben hatte.
Die Sprache wurde geschlechtergerechter geregelt
und sagte sonst nicht mehr viel.
Wut und Hass suchten sich neue Bahnen.
Zur deutschen Eigenschaft schlechthin
wurde die Angst.
Ich fand eine Nische
in der ich leben konnte.
Viele Jahre vergingen.
Dann hatte ich das selbstgesetzte Ziel erreicht:
Ich war ein alter weißer Mann geworden.

12

In all den Jahren hatte ich euch
die ihr gekommen seid
ehrlich gesagt nicht sonderlich im Auge.
In meinen Dörfern wart ihr kaum präsent.
Beim Stadtbesuch freute ich mich
über die tiefschwarze junge Frau
die mir breit hamburgernd ein Franzbrötchen verkaufte,
am Flughafen über die zwei Männer

die sich umhalsten und begrüßten mit:
Na du Scheißtürke!
Sonst hatte ich
so wie ich lebte
nur wenig unmittelbare Berührung mit euch.
Das fremde Fremde lag mir näher.
Die Nachrichten aus euren Ländern
hörten nicht auf mich zu erschüttern.
Je nachdem wen man fragte
wart ihr uns
die wir schon länger hier sind
teils gar nicht und teils sehr willkommen.
In manchen Fällen wurdet ihr von uns ermordet
in andern wir von euch.
Dabei entging mir
dass die Zukunft die ich fühlte
sich schon vergegenwärtigte.
Die Unterscheidung
wir und ihr
stimmte augenscheinlich nicht mehr
in vielen Fällen.
Ihr kamt nicht mehr aus Urfa oder Nsukka
sondern aus Urach oder Hanau
und tatet andere Dinge
außer Taxi fahren
Fußball spielen
oder Franzbrötchen verkaufen.
Die Saz erklang nicht mehr
nur über der Hasenheide
sondern ihr unterrichtet ihr Spiel an Schulen
für alle Deutschen.

Deutsch wart ihr selbst geworden
wie ihr es verstandet
deutsch aber war den Deutschen allgemein
wenn überhaupt etwas
dann nicht viel mehr als eine Strichliste
sinnloser Äußerlichkeiten
und um als Deutsche anerkannt zu werden
wolltet ihr diese Liste gern erweitern
um manche Punkte
und andere Punkte streichen.
Ihr erhobt die Stimme.
Ach
eure kaum mehr fremden Stimmen
ließen reichlich bekannte Töne hören.
Bekannt
die tiefe Unzufriedenheit mit allem
die Reizbarkeit Empfindlichkeit Empörung
die Anspruchshaltung
das Versicherungsdenken
die Verbotswut.
Das enge Herz.
Die Integration ins Niemandsland
die man euch abverlangte
war gut gelungen.
Entwurzelt unter Wurzellosen
mit ihrer Selbsterhaltungsangst.
Bei wie vielen Gelegenheiten hatte ich früher
Großherzigkeit von euch erfahren
und versucht davon zu lernen.
So wart auch ihr denn im Besitz
des richtigen Bewusstseins

zu dessen Hauptbeschäftigungen es gehört
falsches Bewusstsein jeder Art
bei anderen zu ahnden.
Das richtige Bewusstsein
jeder Art
riskiert nie einen Blick
in eigene Seelentiefen,
es leugnet und verbietet
das eigene Unbewusste
macht es in missliebigen Andern fest
und verfolgt sie dafür.
Das Spiel ist ungefähr so deutsch
wie es amerikanisch oder türkisch ist
und wie durch Zufall einer
diese oder jene Staatsbürgerschaft besitzt
und dieser oder jener Gruppe angehört
so spielt er auch das Spiel
des richtigen Bewusstseins
auf diese oder jene Weise.
Ihr
die ihr deutsche Staatsbürger geworden seid
und werdet
habt sicher ebenso viel Recht wie alle andern
in diesem Land zu leben
und alle Spiele die hier an der Tagesordnung sind
in euren Gruppen mitzuspielen.
Es ist seit alter Zeit ein Ort der Mischung
und ihr seid jetzt ein neuer Teil
seiner Bevölkerung
dem es fürs erste wohl genügen würde
dürfte er dies im öffentlichen Leben

auch gleichberechtigt sein.
Aber vielleicht genügt es eines Tages nicht mehr
und ihr wollt mehr.
Wie kommt es
könnten eure Geister fragen
(fragen sie es nicht schon?)
dass ihr hier
kraftvoll wie ihr seid
kraftlos dahinlebt unter den Entkräfteten?
Vielleicht erwacht in euch ein tieferer Durst
danach den dunklen Grund zu lichten
über den ihr hinweggeht
Tag für Tag,
ihn zu besitzen
statt zu mieten
und in eigener Verantwortung zu bauen
weil ihn die älteren Besitzer offenkundig
nicht kennen und nicht haben wollen
und ihn versiegeln
wo er durchscheint.
Dann würde dort
wo sich die Körper ihren Platz erobert haben
und überleben
recht und schlecht
die Seele heimisch werden
und leben wollen.
Ich hoffe es für euch
und uns.
Nur wo die Seele heimisch ist
lässt sich menschlich leben.
Es würde sich erweisen

ob der Geist des Ortes lebt
den ich euch hier beschwöre
und ob und wie er zu euch spricht
wenn eure Seele sich ihm öffnet.
Ob ihr hinauskommt
aus den Ghettos
des Körpers und des Geistes
und in der Erde dieses Landes wurzeln
und sie im Flug erheben lernt.
Ob ihr tatsächlich heute noch
Deutsche werden könnt
mit allen Konsequenzen.
Das unmögliche Volk.
Dieses Organ im Leib der Menschheit.
Gewiss könnt ihr die Machtzentren besetzen
während einige eurer Forscher
die letzten Zeugnisse authentischer Eingeborenenkultur
des weißen Erdteils sammeln
und ihnen einen ausgedachten Sinn zuschreiben.
Das Spiel geht immer.
Wie aber
wenn ihr unsere ungelebte alte Sage,
wonach das Land
dem ihr euch langsam einheimt
und einfremdet
der Ort der inneren Erfahrung dessen ist
was andere Völker außen tun,
auf eigene Art verstehen
und mit neuem Sinn und Leben füllen würdet?
Wenn ihr beschließen würdet
selbst zu diesem Volk zu werden

dessen Grund
nach seiner unerzählt gebliebenen
nun aber zu erzählenden Geschichte
die Sprache ist?
Zu dieser Menschheit?
Als vor bald hundert Jahren
Zora Neale Hurston
in den von Rassenhass verheerten USA
die Traditionen ihrer Leute sammelte,
die Lieder Tänze Märchen Bräuche Rituale
die sich in der vollkommenen Entwurzelung und Vermischung
der Afrikaner in Amerika
als überlebensstark und -stärkend erwiesen hatten,
und diese dichterisch verarbeitete
weil sie vom Menschenleben auf der Erde
eine neue Geschichte erzählen
und damit die Begegnung und Verbindung
von Schwarz und Weiß anbahnen wollte,
wurde sie von den Weißen missverstanden
und von den eigenen Leuten dafür angefeindet
dass sie nicht anklagte und protestierte
und lieber die lebendigen Kräfte
anzapfen und leiten wollte.
Die Kämpfer wollten ihren Kampf
und er tobt heute wütender denn je.
So groß die Not war
sie war noch nicht groß genug.
Wie es um unsere Not steht
wird sich zeigen.

13

Ein kleines Ding
wie eine Perle
wie ein Same
wollte ich einmal aus dem Tod
in dem die Meinen leben
mitsterbend und erstehend
bergen.
Seitdem hat sich die Wunde
deren Schmerz ich bin und bleibe
geschlossen
mit dem Schorf der Kinder
und der neuen Haut der Enkel.
Die Raserei des Kaufens und Verkaufens
von allem
und von allen
verkauft sich mit Erfolg
als Sinn des Lebens
und wie die Zeichen allgemein gedeutet werden
nähert sich der Vernichtungsweg des Westens
den wir gegangen sind
in unserm Land
und auf der ganzen Erde
seinem Ende.
Zum Streit
mit welchen Mitteln abzuwenden wäre
dass sich die Menschheit selbst auslöscht
hat einer der fernab der Zentren
wie aus der Zeit gefallen
Geistern etwas vorsingt

nicht viel zu sagen.

Mit äußern Dingen

kennt er sich nicht aus.

Fraglich

ob er zum Esel taugt.

Ich kenne aber

in mir selbst

aus eigenem Sterben

eigenem Leben

den Trieb

dem der Vernichtungsweg gehorcht

und weiß

dass er sich äußerlich erfüllen muss

in konsequentem Irrsinn

über Jahrtausende

weltweit

solange er in seinem Wesen nicht erkannt

und dran gehindert wird

sich innerlich zu erfüllen

in uns

die er bewegt.

Was hindert

ist die Angst

davor was werden mag aus einem

wenn das Ding

das einen ausmacht in der Welt

das Ding

von dem die Welt abhängt

das Ding

das jedem seine Welt bedeutet

zerbricht.

Je ängstlicher das Ding sich panzert
gegen den eigenen Trieb
und lieber alles Andere zerbricht
um selber unversehrt zu bleiben
umso gewaltsamer wird es einmal zerbrechen
und umso aussichtsloser scheint es
dass es je Frucht trägt
und der Keim sich zeigt
aus dem es lebt.
Der lichte Keim
das Uratom
nach dem wir schon so lange überall
den dunklen Stoff durchwühlen.
Von dem getrieben wir
die Eine Welt
hergestellt haben auf der Erde
wenn auch bis heute nur
als kriegsverheerte Wirtschaftswüste
und nicht bewohnt
von Einer Menschheit.
Ein kleines Ding …
wie eine Perle …
wie ein Same …
Was aber alle Dinge aus sich selbst hervorbringt
lernte ich mit der Zeit
ist selbst kein Ding
das sich besitzen
und weitergeben ließe.
Es ist ein Wort.
Besonderer Art.
Das Wort

das je im Anfang ist.
Es sagt sich aus
indem es lebt
und sich in uns verkörpert
und bestimmt.
Jede Geschichte einer Welt
entspringt der Quelle
eines Worts.
Im tiefsten Grund unserer Geschichte
summt es noch immer
durch die Wurzeln und die Steine
wenn auch schon früh
und laufend lauter
von dem Getöse übertönt
mit dem der Fluss
zu dem es anschwoll
sich im Gefels der Widrigkeiten
Bahn brach
und dabei immer wilder
immer irrer
auf seine äußere Bahn geriet.
Wie schuldig wir geworden sind
an allem was wir niederbrachen
auf unserer furiosen Flussbahn
am schuldigsten wurden wir
an ihm
das uns so gründlich in Vergessenheit geriet
dass keiner es mehr kennt und hört.
An ihm
und uns
die wir daran versagen.

14

Was fasst ein kleines Leben?
Alles.
Was blickt er der es lebt davon?
So gut wie nichts
und auch das Wenige nur flüchtig
in seltenen glücklichen Momenten
schräg aus dem Augenwinkel.
Da!
Vorbei.
Ein Nachglanz bleibt
und schimmert fort
ein Leben lang
und das Gefühl erinnert ihn
und führt den
der ihm folgt.
Doch der Versuch davon zu sprechen
hat immer etwas Bodenloses
Abgehobenes
in dieser Welt der tausend Dinge
denn es gibt nirgends einen Grund
auf dem ein solches Sprechen
zu Stande kommen könnte.
Das freie Sprechen
muss sich seinen Grund
erst selber legen
in abseitiger Arbeit
Wort für Wort für Wort.
So scheint es.
Doch mit der Hilfsbedürftigkeit und Schwäche

des Alters
kommt die peinliche Erkenntnis
dass dieser Grund niemals zu legen ist
damit dass einer einsam Worte macht.
Zum Machen wahrer Worte
braucht es zwei.
Zu zweit nur
ist ein Grund zu legen
der trägt
und je größer die Spannung der Gegensätze
und je tiefer die Kluft der Fremdheit
zwischen denen die ihn legen
umso tragfähiger wird er.
Er trägt und hält
ein ganzes Volk
und begründet seine Einheit
wenn diese Gegensätze
in gesammeltem Gehör
und offenem Gedenken
und lebendigem Gespräch
immer neu ausgetragen
und gefeiert werden.
Wer aber
fühlte sich heute dazu aufgerufen?
Wer hätte hier das Herz dazu
die Geister aller Länder einzuladen
und ihnen einen Tisch zu decken
und ein Bett zu bauen?
Ach
wen von euch
die ihr gekommen seid

in unser Land des Reichtums
und der Armut
wird dieses Lied
das sich euch widmet
überhaupt erreichen?
Einen vielleicht
sagt die Hoffnung.
Oder eine.
Du
würdest genügen.
So rufe ich dich
du mein Anderes
meine unbekannte Liebe
einer ungeahnten Zukunft
auf einen ungebahnten Weg.
Folge der Führung des Gefühls
an die Ränder der großen Wildnis
in die Tiefen der alten Zeit.
Seltsame Wüstenpflanzen wachsen dort
als schliefen sie
und träumten
die Sage eines Worts.
Als träumten sie von einer Blüte
die der Regen brächte
und einem Samen
der zu sammeln
und neu zu setzen wäre
in einem andern Grund.
Als träumten sie
wie sie zerfallend
zum Humus dieses Grundes würden

und ihr einsamer Wüstenfleck
zur Oase
zu der von fern die Karawanen zögen
mit Pilgern
angezogen vom Gerücht
einer neuen morgenländischen Sprache.
Als träumten sie
eine Welt
und sängen sie
im Traum
ins Leben.
Die ihr gekommen seid
mögt ihr die Welt bewohnen
mit uns.
Willkommen.

Anderes von selber Hand

Vom Schweigen meines Übersetzers. Eine Fiktion, 428 Seiten, München 2008

> *Ein amerikanischer Autor will ein Buch über Deutschland schreiben und nimmt als Hauptfigur seinen deutschen Übersetzer, der ihm alles verkörpert, was ihn am Geist dieses Landes anzieht und abstößt. »Die Sprache selbst ist der Protagonist« dieses Romans, erkannte die FAZ seinerzeit.*

Beim Verlag vergriffen, antiquarisch günstig zu beziehen, z.B bei booklooker u.a.

Dieksee. Gedichte vom Ufer aus, 95 Seiten, Plön 2011

> *Miniaturen über den See vor der Haustür, eine Auswahl aus dem Dieksee-Zyklus, der gegenwärtig über 400 Gedichte umfasst.*
>
> > *Im Brausen des Sturms,*
> > *im Brüllen der Wellen*
> > *singen*
> > *wenn niemand dich hört.*

Preis 9 €. Zu beziehen über hum@humoehring.de.

Schwentinental Journey. Flussgesang, 23 Seiten, Kiel 2014

> *Langes Gedicht über das Flüsschen Schwentine in seinem Lauf durch die holsteinischen Seen bis zur Mündung in der Kieler Förde – eine kleine norddeutsche Ergänzung zu Hölderlins großen Hymnen auf Rhein und Donau.*

Preis 12 €. Zu beziehen über hum@humoehring.de.

Ausgetickt. Ein Exzess, 93 Seiten, Berlin 2015

Novelle über ein rätselhaftes Gedicht der amerikanischen Dichterin Emily Dickinson, »A Clock stopped«, das im Austausch zweier Freunde immer neue ungeahnte Dimensionen eröffnet und damit ihren Blick und ihr Leben verändert.

Preis 17,90 €. Zu beziehen über www.edition-rugerup.de/.

Drachen töten. Roman, 141 Seiten, Hamburg 2018

Ein friedlicher Pfarrer fühlt sich berufen, im Alltag zum Drachenkämpfer zu werden. Das Vorbild des Erzengels Michael lehrt ihn, dass es Waffen eigener Art sind, die den Kampf entscheiden. Der Heiler zerstört, der Zerstörer heilt.

Paperback 10,00 €, Hardcover 18,00 €, e-Book 3,00 €. Zu beziehen über tredition.de, »Shop«, Autorennamen suchen.

Bo. Romantrilogie

1. Buch: Traum von Frau, 386 Seiten, Hamburg 2019

Ein Junge, Bo, wird 1968 Sänger in einer Band und erlebt das Singen als weltbewegend, zumal im Duett mit Sofie. Er ringt, auch als Dichter, um die Versöhnung von Politik und Subkultur, um ein neues Verhältnis von Männern und Frauen, doch am Ende der 70er Jahre ist er im Leben wie in der Liebe gescheitert.

Paperback 17,00 €, Hardcover 25,00 €, e-Book 3,49 €. Zu beziehen über tredition.de, »Shop«, Autorennamen suchen.

2. Buch: Das Leben eines Mannes, 468 Seiten, Hamburg 2020

Bo macht einen Neuanfang als Landarbeiter in Süddeutschland, und wie sein äußeres verändert sich in den 80er Jahren auch sein inneres Leben.

Eine unerklärliche Distanz zu den Frauen tritt ein, und zugleich nimmt er beim Singen in einer kappadokischen Felsenkirche Sofie innerlich zur Frau. Dann begegnet er ihr leibhaftig wieder.

Paperback 19,00 €, Hardcover 27,00 €, e-Book 2,99 €. Zu beziehen über tredition.de, »Shop«, Autorennamen suchen.

3. Buch: Das Fest der Männer und der Frauen, 466 Seiten, Hamburg 2020

Die Erzählstränge verflechten sich zum komplexen Generationenbild. Sofie und Bo tun sich zusammen, beide auf ihre Art bestrebt, ein Verhältnis zu leben, das über sie als einzelnes Paar hinausweist und dazu beiträgt, in einem festlichen Gespräch, wie Bos Oma es einst erträumte, die Welt neu aufzuspannen zwischen den Polen von Mann und Frau.

Paperback 19,00 €, Hardcover 27,00 €, e-Book 2,99 €. Zu beziehen über tredition.de, »Shop«, Autorennamen suchen.

FSC
www.fsc.org
MIX
Papier | Fördert
gute Waldnutzung
FSC® C083411

Zeitfracht Medien GmbH
Ferdinand-Jühlke-Straße 7
99095 Erfurt, Deutschland
produktsicherheit@kolibri360.de